1. Lese-stufe

Doris Arend

Prinzessinnengeschichten

Mit Bildern von Màriam Ben-Arab

Ravensburger Buchverlag

Bibliografische Information der Deutschen Nationalbibliothek:

Die Deutsche Nationalbibliothek verzeichnet diese Publikation
in der Deutschen Nationalbibliografie.
Detaillierte bibliografische Daten sind im Internet
über http://dnb.d-nb.de abrufbar.

1 2 3 4 5 E D C B A

Ravensburger Leserabe
© 2018 Ravensburger Buchverlag Otto Maier GmbH
Postfach 18 60, 88188 Ravensburg
Umschlagbild: Màriam Ben-Arab
Konzept Leserätsel: Dr. Birgitta Reddig-Korn
Design Leserätsel: Sabine Reddig
Textredaktion: Nina Schiefelbein
Produktion & Satz: Weiß-Freiburg GmbH –
Graphik & Buchgestaltung
Printed in Germany
ISBN 978-3-473-36546-3

www.ravensburger.de
www.leserabe.de

Inhalt

Ein Schatz im Schloss

Prinzessin Luisa und Prinz Mattis
besuchen in den Ferien ihre Oma.
Sie wohnt in einem großen Schloss.
Dort soll es einen Schatz geben.
Der Schatz wurde nie gefunden.

Luisa und Mattis

wollen den Schatz finden.

Sie warten, bis es dunkel ist.

Dann rennen sie alle Treppen

im Schloss nach oben.

Luisa öffnet die erste Tür.
„Raus!", ruft der Diener Johann.
Er hat gebadet.
Er trägt nur Socken
und eine Unterhose.

Mattis öffnet die zweite Tür.
Luisa hält sich die Ohren zu.
Der Gärtner liegt im Bett
und schnarcht.

Sie öffnen die dritte Tür.
„Gute Nacht, mein Schatz!",
sagt die Köchin zum Koch.

Das ist nicht der Schatz,
den sie suchen.

Hinter der nächsten Tür
ist eine steile Treppe.
Sie führt unter das Dach.
Dort ist ein langer Gang.

Am Ende des Ganges
steht ein Gespenst.
Luisa und Mattis zittern.
Luisa hält ihre Laterne hoch.

Es ist kein Gespenst.
Es ist eine alte Ritterrüstung.

In der Rüstung funkelt etwas.
Luisa greift hinein.
Erschrocken zieht sie
ihre Hand wieder heraus.

Zwei kleine Augen
funkeln sie böse an.
In der Rüstung
wohnt eine Maus.

Daneben steht eine Truhe.
Mattis macht den Deckel auf.
Da öffnet sich die Wand
hinter der Truhe.
Ein geheimer Raum!

Luisa und Mattis staunen.
Es glitzert und funkelt.
Ringe und Ketten.
Kronen und Zepter.
Diamanten und Juwelen.

Geschafft! Hier kannst du den ersten Sticker einkleben!

Geschichte 1

„Wir haben den Schatz gefunden",
rufen Luisa und Mattis stolz.
„Hurra!"

Die goldene Krone

Prinzessin Emma trägt eine Krone.

Sie trägt die Krone Tag und Nacht.

Sie trägt sie in der Badewanne.

Sie trägt sie beim Turnen.

Sie geht mit der Krone ins Bett.

„Nur mit einer Krone
bin ich eine Prinzessin",
denkt Emma.

Heute geht Emma
mit ihrer Freundin Mia
in die Stadt.

Sie holen sich ein Eis.
Da fällt ein Diamant
aus Emmas Krone.
Er plumpst direkt in das Eis.
Emma rutscht vor Schreck
die Waffel aus der Hand.

Ein Hund kommt angerast.
Er schnappt sich das Eis
und rennt weg.
„Mein Diamant!", ruft Emma.
Sie läuft dem Hund
hinterher.

Emma stolpert.
Die Krone fällt scheppernd
auf den Boden.
Ein Zacken ist verbogen.
Das Gold ist zerkratzt.
Es fehlt der Diamant.
„Deine Krone ist kaputt!",
sagt Mia.

Emma ist traurig.

„Ohne Krone weiß niemand,
dass ich eine Prinzessin bin."

„Ich habe eine Idee", sagt Mia.

Am nächsten Tag hat Mia
ein Geschenk für Emma.
Ein rotes T-Shirt.
Auf dem T-Shirt steht
in goldenen Buchstaben:
„Prinzessin Emma".

Emma strahlt.
Das T-Shirt ist viel schöner
als ihre alte, verbeulte Krone.

„Du bist die beste Freundin
der Welt", sagt Emma
und gibt Mia einen dicken Kuss.

Geschichte 2

Die Zwillinge

Rosie und Lilly sind Zwillinge.

Niemand im Schloss kann

die Prinzessinnen unterscheiden.

Deshalb trägt Rosie rosa Kleidung.

Lilly trägt lila Kleidung.

Jeden Tag.

Eines Morgens wacht Rosie auf
und sagt:
„Ich will heute kein Rosa tragen!"
Lilly sagt: „Wir tauschen."
Nun trägt Rosie Lila.
Lilly trägt Rosa.

Das gibt ein Durcheinander.
Rosie und Lilly frühstücken.
Der Diener fragt erstaunt:
„Rosie, warum isst du heute Müsli?
Lilly, warum isst du heute Brot?"

Der Diener rauft sich die Haare.
Hier stimmt doch was nicht.

Rosie und Lilly
gehen in die Schule.
Die Lehrerin fragt:
„Rosie, warum schreibst du
heute so krakelig?
Lilly, warum schreibst du
heute so schön?"

Die Lehrerin rauft sich die Haare.
Hier stimmt doch was nicht.

Am Nachmittag kommt Tante Sofia
zu Besuch.
Die zwei Prinzessinnen spielen
auf ihren Instrumenten.

Tante Sofia fragt:
„Rosie, warum spielst du
heute Flöte?
Lilly, warum spielst du
heute Geige?"

Tante Sofia rauft sich die Haare.
Hier stimmt doch was nicht.

Da kommt die Königin
zur Tür herein.
Sie fragt:
„Rosie, warum trägst du
heute Lila?
Lilly, warum trägst du
heute Rosa?"

Alle raufen sich die Haare.

28

Woran erkennt die Königin
die Zwillinge?
Die zwei Prinzessinnen kichern.

Es ist ganz einfach.
Rosie hat eine Zahnlücke.
Lilly hat einen längeren Zopf.

Prinzessin Rotzfrech

Prinzessin Nele wohnt
in einem großen Schloss.
Sie hat eine Zofe,
einen Diener und einen Lehrer.
Aber Nele ist einsam.

Im Schloss gibt es keine Kinder.
Nele hat keine Freundin.
Vor lauter Langeweile
ist die Prinzessin frech.
Sie ist so frech,
dass jeder im Schloss sie
Prinzessin Rotzfrech nennt.

„Ich kann meine Haare
selber kämmen!", ruft Nele.
Sie reißt der Zofe
die Bürste aus der Hand.

„Ich will kein Kleid tragen!"
Nele zieht ihre karierte Hose an.

„Rotzfrech!", ruft die Zofe.
„Ich kündige!"

Nele frühstückt.
„Ich will Schokoladentorte.
Ich will Gummibärchen
auf mein Butterbrot.
Ich will Limonade. Sofort!"

„Rotzfrech!", ruft der Diener.
„Ich kündige!"

Der Lehrer kommt.

Nele macht einen Handstand.

„Die Zahlen stehen auf dem Kopf.

So kann ich nicht rechnen!"

Sie kleckst Tinte in ihr Heft.
„Ich kann meine Hausaufgaben
nicht lesen!", ruft sie.
Dabei hat sie gar
keine Hausaufgaben gemacht.

Der Lehrer schüttelt den Kopf.
„Rotzfrech! Ich kündige!"

Am Abend sagt die Königin
zu Prinzessin Nele:
„Du hast keine Zofe mehr.
Du musst dich alleine anziehen.
Du hast keinen Diener mehr,
du musst dein Frühstück
selber machen.

Du hast keinen Lehrer mehr.
Ab morgen gehst du
auf eine normale Schule."

„Hurra!", ruft Nele.
Endlich ist sie
mit anderen Kindern zusammen.

Nele findet eine Freundin,
und Nele ist überhaupt
nicht mehr frech.
Na ja, manchmal schon.
Aber die anderen Kinder
sind auch frech.
Manchmal.

Leserabe Leserätsel

Rätsel 1

Seltsam, seltsam

Welches Wort stimmt? Kreuze an!

Der Gärtner
- ○ schreibt.
- ○ schummelt.
- ☑ schnarcht.

Emmas Krone ist
- ○ verschwunden.
- ○ verbeult.
- ○ verschmiert.

Rosie isst heute
- ☑ Müsli.
- ○ Milchbrötchen.
- ○ Mandarinen.

Rätsel 2

Zahlen, Zahlen

Findest du die richtige Seite? Trage die Zahl ein!

Auf Seite __10__ steht zwei Mal **Gespenst**.

Auf Seite __16__ steht ein Mal **Waffel**.

Auf Seite __34__ steht ein Mal **Butterbrot**.

Kreuz und quer

Fülle die Kästchen aus!
Schreibe Großbuchstaben:
Hund ➜ HUND

Crossword puzzle:

SCHLOSS (vertical): S C H L O S S

ZAHN (horizontal): Z A H N

TINTE (vertical): T I N T E

TRUHE (vertical): T R U H E

UNTERHOSE (horizontal): U N T E R H O S E

HUND (vertical): H U N D

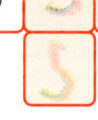

Rätsel 4

Rätsel für die Rabenpost

Was passiert? Fülle die Lücken aus.
Trage die Buchstaben in die richtigen
Kästchen ein. So findest du das
Lösungswort für die Rabenpost heraus!

Die Maus wohnt in der
. (Seite 11)

Der Diamant plumpst in das
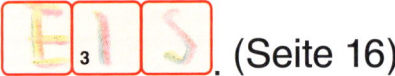. (Seite 16)

Lilly hat einen längeren
. (Seite 29)

Prinzessin Nele kleckst mit
. (Seite 36)

Lösungswort:

Rabenpost

Herzlichen Glückwunsch!

Du hast das ganze Buch geschafft und
die Rätsel gelöst, super!!!

Jetzt ist es Zeit für die Rabenpost. Wenn du
das Lösungswort auf Seite 42 herausgefunden hast,
kannst du tolle Preise gewinnen!

Gib es auf der  Website ein

▶ www.leserabe.de,

mail es uns ▶ leserabe@ravensburger.de

oder schick es mit der Post.

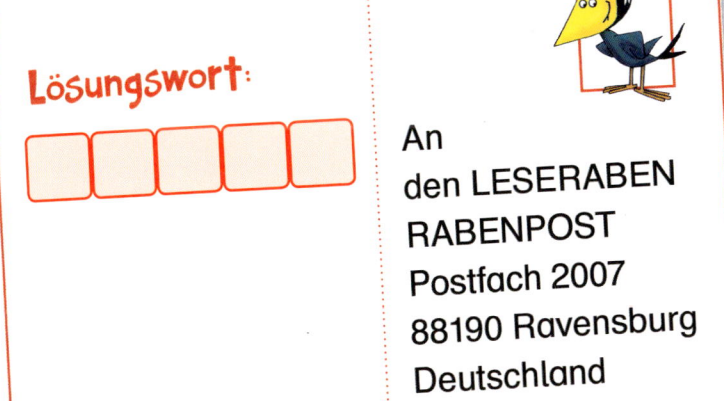

Lösungswort:

An
den LESERABEN
RABENPOST
Postfach 2007
88190 Ravensburg
Deutschland

Leserabe

Lesen lernen mit Spaß!
In drei Stufen vom Lesestarter zum Überflieger

1. Lesestufe

ISBN 978-3-473-**36531**-9 ISBN 978-3-473-**36547**-0 ISBN 978-3-473-**36548**-7

2. Lesestufe

ISBN 978-3-473-**36534**-0 ISBN 978-3-473-**36552**-4 ISBN 978-3-473-**36550**-0

 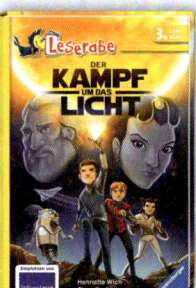 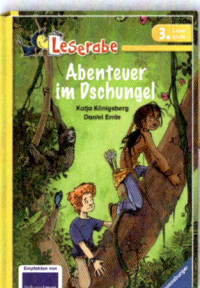

3. Lesestufe

ISBN 978-3-473-**36480**-0 ISBN 978-3-473-**36509**-8 ISBN 978-3-473-**36536**-4

www.leserabe.de

ERZ_15_031

Die Tagebücher des Vordenkers der NSDAP

Einst waren sie wichtiges Belastungsmaterial in den Nürnberger Kriegs-
verbrecherprozessen und dann jahrzehntelang verschollen: die Tage-
bücher des NS-Chefideologen und Reichsministers Alfred Rosenberg.
Bis der Hauptarchivar des US Holocaust Memorial Museum einen Hin-
weis auf den Verbleib dieser Schlüsseldokumente des Nationalsozialis-
mus erhielt: Allem Anschein nach hatte einer der Hauptankläger der
Alliierten die Rosenberg-Papiere 1946 entwendet. Erstmals beschreibt
der FBI-Ermittler Robert K. Wittman die spannende Jagd nach den Tage-
büchern – ein zeitgeschichtlicher Thriller.

Grenzgänger zwischen zwei Welten

Als DDR-Unterhändler war der Ost-Berliner Rechtsanwalt Wolfgang Vogel maßgeblich am Freikauf von mehr als 33.000 politischen Gefangenen der DDR beteiligt und arrangierte den Austausch von Spionen auf der Glienicker Brücke. Dabei stand er stets hoch in der Gunst westdeutscher Spitzenpolitiker. Doch wer war der geheimnisumwitterte politische Vermittler wirklich? Helfer in der Not oder des Teufels Advokat? Norbert F. Pötzl hat umfassenden Zugang zu Vogels Privatarchiv und erhellt mit zahlreichen neuen Erkenntnissen ein wichtiges Kapitel deutsch-deutscher Nachkriegsgeschichte.